Für Alan, Rudi, Rob und Tommy

Angie Pfeiffer

Liebesbriefe

Angie Pfeiffer

Liebesbriefe

Deutsche Erstausgabe 2015
© by Angie Pfeiffer
Covergestaltung phoch3
Copyright-Hinweis:
Dieser Text ist urheberrechtlich geschützt.
Nachdruck und Vervielfältigungen, auch auszugsweise,
bedürfen der schriftlichen Zustimmung der Autorin.
Herstellung und Verlag:
Books on Demand GmbH,
Norderstedt
Printed in
Germany
ISBN: 9783738644142

Zuweilen könnte ich - *Für meinen Liebsten*

Bis das der TÜV uns scheidet - *Hallo Roland*

Tür an Tür mit Alice - *Liebe Alice*

Nackt am Fenster - *Hi Fremder*

Ein vergessenes Detail - *Patty an Alan, Alan an Patty*

Sehnsucht - *Hallo meine Kleine, Hallo mein Herz*

Ich bin immer hier - *Mein Liebling, Liebster*

SMS - *Nachricht von Alex - Anna antwortet*

Der Antrag - *Liebe Renate, Mein lieber Mann*

Schön, dass es dich gibt - *Lieber Paul*

Ein Aufsatz - *Liebes Fräulein Maier*

Eine wichtige Frage - *Hi Lisa*

Alles für Dich - *Liebe meines Lebens*

Teddy - *Hallo, mein Lieber*

Relative Fantasie - *Ach Du*

An meinen Schwarm - *Verehrter Mister Darcy*

Verlassen - *Meine einzige Liebe*

Willst du mich noch sehen - *Hallo Elisa*

Glücklich für einen Moment - *Mein Verführer*

Eiszeit - *Mein Liebster*

Bitte verzeih mir - *Meine Liebste*

Brief aus der Schattenwelt - *Geliebte*

Brief an das 16jährige Ich - *Liebe Loni*

Für meinen Liebsten

Zuweilen könnte ich vor Glück schweben.
Es ist nicht vielen Menschen vergönnt eine solche Liebe zu erleben.
Mich fallen zu lassen, mit allen Sinnen zu genießen, zu wissen, dass auch der Partner das Zusammensein genießt. Mich wunderbar findet, obwohl ich doch ganz gewöhnlich bin. Sein Leben mit mir teilt, sich zu mir bekennt. Mein Leben durch seine Aufmerksamkeit wichtig macht, mich mit allen meinen Facetten wahrnimmt.
Nicht alle Seiten an mir mag, sie aber toleriert. Meine dunklen Geheimnisse kennt und damit umgehen kann.

Das alles erlebe ich in unserem Zusammensein und es macht mich so unsagbar reich. Das lässt mich zuweilen hochfahrend, spröde und arrogant erscheinen.
Doch ich würde es nicht überleben, dieses Glück zu verlieren.
Oh, ich würde weiter existieren, aber mein Leben wäre leer, seines Inhalts beraubt.
Doch das kann mein Stolz oft nicht zugeben.

Das alles beinhalten die Worte:

    "Ich liebe dich",

die ich niemals leichtfertig ausgesprochen habe.

Dein Mädchen

Hallo Roland,

heute muss ich Dir endlich einmal für alles danken.
Du kannst unbesorgt sein, ich habe nicht vor, mich von Dir zu trennen, obwohl Du in die Jahre gekommen bist, nicht mehr so spurst, wie das einmal der Fall gewesen ist. Doch das ist mir ganz egal. Du wirst für mich immer besonders sein.
Und mal ehrlich – bisher warst Du immer zuverlässig, hast alles getan, was ich von Dir verlangt habe. Nie hast Du herumgezickt, nie hattest Du Mucken. Hast geduldig meine schlechte Laune am Morgen ertragen, meinen verkleckerten Kaffee ignoriert und meine mit lästerlichen Fluchen begleiteten Schminkversuche.
Du bist halt ein wahrer Löwe, gelassen und galant.
Wenn ich an unsere erste Begegnung denke, dann zaubert das immer noch ein Lächeln auf mein Gesicht. Ich war so jung und unbedarft, ließ mir alles Mögliche einreden. Dass ich die Messlatte nicht zu hoch legen sollte zum Beispiel und dass Bescheidenheit angebracht wäre.
So ging es eigentlich gar nicht um Dich.
Aber als ich Dich das erste Mal bewusst

zur Kenntnis genommen hatte, war ich rettungslos verloren. Du standst mitten auf dem Hof, stolz und ein bisschen unnahbar, jedenfalls kam es mir so vor. Es war Magie vom ersten Augenblick an. Ich ging langsam auf Dich zu, verschlang Dich mit den Augen, genoss Deine Schönheit, die sinnlichen Kurven an den richtigen Stellen.
Wie ein Schock kam die Gewissheit über mich: entweder Du oder keiner musste es werden. Was dann folgte war nicht leicht. Man versuchte uns auseinander zu bringen, doch ich gab nicht auf. Versuchte alles, um Deiner habhaft zu werden.
Schließlich gelang es, ich bekam tatsächlich meinen ersten Kredit bewilligt, war bald stolze Besitzerin eines Cabrios und zudem meines ersten eigenen Autos.

Und sollten Rost, Korrosion und Motorschaden uns doch einmal trennen, werde ich Dich niemals vergessen!

Liebe Alice,

Sally hat gerade angerufen, um mir zu erzählen, was ich schon längst mitbekommen habe. Das ist kein Wunder, denn wir leben ja seit langer Zeit Tür an Tür. Ich habe gerade nachgerechnet und glaube es sind 24 Jahre. Eine so lange Zeit, in der ich es Dir immer sagen wollte, doch leider war nie der geeignete Augenblick dafür.

Als Du damals eingezogen bist, glaube ich meinen Augen nicht zu trauen, denn aus der kleinen Alice von nebenan, dem Mädchen mit der unglaublichen Zahnlücke, war eine wunderschöne junge Frau geworden. Gleich vom ersten Begrüßungskaffee an war ich hin und weg. Doch ich wollte nicht mit der Tür ins Haus fallen. ‚Lass sie erst ankommen und sich einrichten‘, dachte ich mir. So ging ich zunächst einmal auf Distanz, doch bei jedem Lächeln von Dir im Treppenhaus wurden mir die Knie weich. Nachts träumte ich von Dir, sah Dich lächelnd auf mich zukommen, mich in die Arme schließen und küssen. Oh, Alice, wie sehr ich mir das wünschte.
Schließlich erschien mir der Augenblick gekommen um mich zu erklären. Ich hatte

Rosen besorgt, den Champagner kaltgestellt und war bereit zu allem. Zufällig schaute ich aus dem Fenster und sah Dich in diese protzige Limousine steigen. Der Typ, welcher Dir die Tür aufhielt, schien alles zu haben, was mir fehlt. Geld, ein dickes Auto, gutes Aussehen. So warf ich die Rosen in den Mülleimer, denn Du schienst Deine Wahl getroffen zu haben.

In der Folgezeit sah ich Dich noch oft in den Luxusschlitten steigen. Nach und nach verlor ich alle Hoffnung auf eine glückliche Wendung. Glaub mir, das tat ganz schön weh. Ich tröstete mich damit, dass wir wenigstens nebeneinander lebten. Ein Miteinander wäre natürlich schöner gewesen, aber es sollte wohl nicht sein. Irgendwann lief mir Sally über den Weg. Resolut, wie sie ist, nahm sie mich in Beschlag. Doch wenn ich mich auch wirklich bemühte, so blieb sie meinem Herzen fern. Da war immer nur Platz für Dich.

Als die Limousine eines Tages nicht mehr vor der Tür parkte, und Du mir mit verweinten Augen im Treppenhaus begegnetest, glaubte ich, dass dies meine Chance wäre. Ich beendete die Beziehung mit Sally. Zwar sagte sie mir zum Abschied, dass

sie immer für mich da wäre, doch das war mir egal. Ich habe sie sehr verletzt, zumal sie immer gespürt hat, dass ich insgeheim nur an Dich dachte.
Für eine Weile hoffte ich, dass alles doch noch zu einem guten Ende kommen könnte. Du warst ganz schön geknickt. Ich versuchte Dich so gut es ging zu trösten. Doch wartete ich geduldig auf den passenden Zeitpunkt um mich Dir zu erklären.
Neulich wäre es um ein Haar passiert. Fast hätte ich Dich tollkühn in die Arme gerissen. Kannst Du Dich daran erinnern? Wir kamen zeitgleich aus unseren Wohnungen, ich fragte Dich, ob es Dir besser ginge. Du lächeltest ganz reizend. „Es geht mir schon viel besser", sagtest Du. Und das Du hoffen würdest, dass alles sich zum Besten wenden würde. Ich trat näher, doch dann kam die usselige Betty aus dem Obergeschoss die Treppe herunter geschlurft und der Zauber war verflogen. In diesem Augenblick nahm ich mir vor, Dir so schnell wie möglich meine Gefühle zu offenbaren.

Als ich heute Morgen aus dem Fenster sah, parkte die Limousine wieder vor unserem Haus, der Typ stieg aus, hielt Dir die Tür auf, als ob in der Zwischenzeit nichts geschehen wäre. Halt, einen Unterschied gab es schon: Du warst mit allerhand Zeug bepackt und hinter der Limo stand ein Möbelwagen.

Ach Alice, ich werde mich damit abfinden müssen, dass Du mich nach 24 Jahren verlässt, nicht länger Tür an Tür mit mir lebst. Kann ich das? Keine Ahnung.

Dein Chris

P.S.: Ich werde diesen Brief vorerst hier behalten, vielleicht kommst du noch einmal vorbei und dann wäre die richtige Gelegenheit um Dir alles zu sagen!
Aber wer weiß, vielleicht schreibe ich in der Zwischenzeit einen Song über unsere Fastbeziehung...

Hi Fremder,

es ist für mich leichter Dir zu schreiben, als den Leuten, die ich kenne und (vor allem) die mich kennen. Es ist manchmal voll peinlich, ihnen persönliche Sachen mitzuteilen. Warum ist das so? Keine Ahnung! Wahrscheinlich, weil es ja oft einfach ätzende Sachen sind. Jetzt nichts Nettes, weißt Du.
Zum Beispiel, dass meine Schwester eine doofe Kuh ist. Dass Sie mir Luc ausgespannt hat (ich habe sie mit ihm kutschen sehen! Er hat ihr seine Zunge reingesteckt, obwohl sie ein Jahr jünger ist als ich!).
Oder, dass meine Mutter so unglaublich schlecht kocht. Ich bin immer froh, wenn sie eine Dose Ravioli aufmacht, das Zeug schmeckt besser als das, was sie selbst kocht. Ja gut, wie sollte sie das auch gelernt haben. Sie scheint sich in ihrer Jugend bloß von Pommes, Burgern und Fertigpizza ernährt zu haben.
Siehst Du, wem sollte ich sowas erzählen? Egal. Ich stelle mir vor, dass Du ein total gutaussehender Typ bist. So wie Chis Hemsworth, auf den fahre ich voll ab. Und das Du auch noch zuhören kannst und mich verstehst. Oder ist das zu viel ver-

langt?
Was wäre, wenn ich Dir erzähle, dass ich manchmal Sachen mitgehen lassen. Jetzt nichts besonders wertvolles. Auf den Wert kommt es nicht an, sondern auf das Kribbeln, wenn ich heimlich etwas einstecke.
Der Reiz des Verbotenen ist das wohl.
Genauso wie ich manchmal ausmale wie es wäre, wenn Du und ich in der Umkleide bei H&M ....
Würde Dich der Gedanke auch anmachen?
Ich glaube schon.
Manchmal stelle ich mich nachts nackt ans Fenster und schaue auf die dunkle Straße.
Dann meine ich, Deinen Schatten zu sehen.
Du stehst bewegungslos unten und schaust zu mir hoch. Und dann stelle ich mir vor, Du wärst meine große Liebe.

Gibt es sie wirklich???

Patty an Alan
Alan an Patty

Von: Patty <patty.s@t-inline.de>;
Datum: Montag, 3.Mai 2010 16:37;
An: Alan<phoch@t-linein.de>;
Betreff: ein Gedanke
Anfügen: Bild Patricia.jpg (217 KB)

Hallo Alan,
ich habe dich noch nie gesehen, doch glaube ich, dich so gut wie niemanden sonst zu kennen. Wie oft haben wir uns geschrieben? Wie viele Mails sind von einem zum anderen durch die Luft geflattert. Denn das stelle ich mir so vor. Wenn ich die Nachricht abschicke, so fliegt sie, natürlich auf rosa Wolkenpapier getippt, irgendwie zu dir. Nachrichtenübermittlung (so wie früher) mit der Taubenpost, bloß ohne Brieftauben.
Jetzt wird es ein wenig schwierig für mich, denn mir ist da kürzlich ein Gedanke gekommen...
Ach was, ich hole ganz tief Luft und springe ins kalte Wasser: ich mag dich. Wie oft hast du mir das geschrieben, was eigentlich ich sagen wollte. Häufig genug haben wir zur gleichen Zeit mit dem Ge-

danken das Post vom anderen angekommen ist in unsere Mailbox geschaut.
Du bist mir vertraut, so sehr, als ob ich dich schon immer kennen würde.
Deshalb wäre es doch schön, wenn wir...

WAS MEINST DU DAZU???

Fragt
Patty (ziemlich schüchtern)

Von: Alan<phoch@t-linein.de>;
Datum: Montag, 3.Mai2010, 16.58;
An: Patty <patty.s@t-inline.de>;
Betreff: wenn wir...
Anfügen: Foto.jpg (232 KB)

Hallo Patty!
Das ist toll, ich schaue in meine Mailbox und schon flattert deine Nachricht herein, natürlich auf rosa Wolkenpapier geschrieben und ein wenig nach Parfum duftend.
Auch ich kann nicht abschätzen, wie oft wir uns schon geschrieben haben, aber ich freue mich jedes Mal riesig, wenn ich etwas von dir lese. Deshalb wäre es auch für mich toll, wenn wir...

Was hältst du von einem unverbindlichen Kaffee mit einem mittelalten, mäßig aussehenden Typen? Ich wüsste da ein nettes Café ganz in der Nähe, das wäre genau richtig für ein erstes Treffen, glaube ich. Wenn du möchtest schicke ich dir einen Link, dann weißt du, was dich erwartet. Wenn du einverstanden bist, so würde ich vor dem Eingang auf dich warten. Wie sieht es am nächsten Sonntag aus? Hast du schon etwas vor? Ich würde mich total freuen, wenn du Zeit hättest.

Dein Alan

PS Danke für das Foto, jetzt weiß ich endlich, wie hübsch du bist. Aber eigentlich wusste ich das sowieso. Jetzt musst du stark sein, denn ich schicke dir auch ein Bild von mir.

Von:	Patty <patty.s@t-inline.de>;
Datum:	Montag, 3.Mai 2010 18:20;
An:	Alan<phoch@t-linein.de>;
Betreff:	Sonntag
Anfügen:	

Hallo Alan,
danke für das Foto. Du siehst genauso aus, wie ich mir dich vorgestellt hatte, nämlich einfach nett und furchtbar lieb. Ja, ich hätte am kommenden Sonntag Zeit! Und ja, ich würde gern einen Kaffee mit dir trinken. Ist dir 16 Uhr recht?

Fragt
Patty

Und freut sich schon auf dich!

Von: Patty<patty.s@t-inline.de>;
Datum: Sonntag, 9..Mai 2010 22:30;
An: Alan<phoch@t-linein.de>;
Betreff: so sorry
Anfügen: Bild Patty.jpg (301 KB)

Mein lieber Alan,
eigentlich wollte ich dir schreiben, dass mir ganz plötzlich ein wichtiger Termin dazwischen gekommen ist und ich dich deshalb nicht treffen konnte, aber ich bin nicht so gut im Flunkern. Deshalb lasse ich das lieber gleich sein.
Also: Ich wollte dich wirklich gerne sehen

und war auch schon fast an unserem Treffpunkt, aber in letzter Minute ist mir eingefallen, dass ich dir ein wichtiges Detail von mir nicht erzählt habe. Da habe ich kalte Füße gekriegt und bin einfach wieder zurück zum Auto.
Jetzt sitze ich hier vor meinem Computer und weiß nicht so recht wie ich mich am besten entschuldigen kann. Vielleicht reicht ja ein ganz ernst gemeintes es tut mit wirklich Leid???

Sagt die ziemlich zerknirschte
Patty

Auf dem Foto siehst du mich mit meiner Brille. Scheußlich, ich weiß, aber ohne das Teil bin ich blind wie ein Maulwurf!

Von: Alan<phoch@t-linein.de>;
Datum: Sonntag, 9. Mai 2010, 23:00;
An: Patty <patty.s@t-inline.de>;
Betreff: Feigling
Anfügen:

Hallo Patricia,
so, so, du hast also gekniffen? Das über-

rascht mich. Aber wenigstens warst du auf dem Weg. Ich habe gedacht, du möchtest mich doch nicht sehen.
Ich war schon ziemlich früh an unserem Treffpunkt. Natürlich habe ich Ausschau nach dir gehalten und meinte, dich erkannt zu haben. Aber ehe ich meine Brille aus der Tasche genommen hatte, war die Frau, die ich für dich gehalten habe auch schon verschwunden!
Ach ja, was ist das denn für ein wichtiges Detail, das du mir verschwiegen hast?

Dein
Alan

PS: Mit deiner Brille siehst du noch hübscher aus!

Sehnsucht

ER:
Hallo meine Kleine!
Oh je, ist das schwer, hier allein vor dem PC zu hocken und immer nur an eines zu denken: an Dich. Was Du wohl gerade machst, ob Du mich auch so schrecklich vermisst, wie ich Dich?
Du gehst mir nicht mehr aus dem Sinn und obwohl wir uns noch nicht lange kennen, kommt es mir vor, als wären wir seit immer vertraut miteinander. Hoffentlich erdrücke ich Dich nicht irgendwann mit meinen Gefühlen! Denn ich möchte meine ganze Zeit mit Dir verbringen, möchte mir Dir lachen, glücklich sein, mit Dir spazieren gehen, herumalbern, diskutieren, Dich halten und wärmen, Dich ärgern, mit Dir bummeln, shoppen und meinetwegen tausend Paar Schuhe kaufen - eben alles was Du und ich mögen.
Endlich habe ich Dich gefunden und möchte Dich nicht wieder loslassen. Wenn es Nacht wird, so will ich Dich beschützen, halten, küssen, lieben. Dir das Gefühl von Sicherheit geben. Dich in meinem Arm einschlafen lassen, Dich anschauen wenn Du schläfst und Dich einfach nur

lieb haben. Das fühle und spüre ich jetzt und dieses Gefühl möchte ich noch Jahre lang und für immer haben. Bitte glaub' mir eines: ich werde niemals mit Gefühlen spielen und das meine ich sehr ernst!

Doch ich glaube jetzt ist's genug. Ich habe noch nie solche Briefe geschrieben, noch nie ist mein Herz so übergelaufen. Ich fürchte das geht nicht mehr lange gut! Ich werde Dich auffressen, mit Haut und Haaren. Ich brauche Dich mehr als nur ein paar Minuten am Tag und ich möchte noch viele glückliche Stunden mit Dir erleben.

Immer Dein
Rudi

SIE:
Hallo mein Herz,
Dein letzter Brief war wunderschön, ich könnte heulen vor lauter Glück. Nimm mich in den Arm, drück mich ganz fest an Dich - Du wirst mich nicht erdrücken! Ich bin froh und glücklich, dass es uns beiden gleich ergeht. Auch ich muss dauernd an Dich denken. Manchmal sind es ganz banale Dinge, mir durch den Kopf gehen:

Was macht er wohl gerade? Geht es ihm gut? Dann möchte ich am liebsten sofort zum Telefon greifen und Dir sagen, dass ich Dich lieb habe und Du mir in jeder Minute fehlst. Dass ich Dich so gern in den Arm nehmen würde, Dir meinen Tag erzählen, zuhören wenn Du von deinem Alltag erzählst. Manchmal allerdings habe ich nicht so harmlose Fantasien...
Ich will versuchen, mich auf Dich einlassen, Dir aus ganzem Herzen vertrauen, mein Liebster.
Und ich bin ganz sicher, dass wir eine wunderschöne Geschichte miteinander erleben werden. Vielleicht mit einem offenen Ende, vielleicht mit einem Happy End. Schließlich sind wir über die ersten 10 Seiten unseres Buches noch nicht hinausgekommen und ich bin ganz gespannt wie es weiter geht.
Eigentlich wollen wir doch dasselbe: Ein wenig Glück, Liebe, Zärtlichkeit und das Gefühl sich aufgehoben zu fühlen. Aufgehoben bei jemandem, er für einen da ist. Jemand, der auffängt, ohne Wenn und Aber.

Ich habe eine solche Sehnsucht nach Dir.
Sehnsucht nach meinem Rudi,
mit dem ich

- Blödsinn machen,
- mich bei einem Bier über Gott und die Welt unterhalten,
- beim Fernsehen kuscheln,
- Pferde stehlen und Äpfel klauen
- und um die ganze Welt segeln kann.

Der
- mitten in der Nacht Whisky trinkt und mir nix abgibt,
- mir immerzu erfolglos sagt, ich soll die Klappe halten,
- zärtlich ist wie kein anderer und extrem kuschelig,
- einen klasse Knackarsch hat,
- freiwillig die Küche wischt,
- und das Klo auch noch,
- der mir mit vielen kleinen Gesten zeigt, wie sehr er mich liebt.
Den ich ganz doll lieb habe!

Deine
Angelina

Ich bin immer hier

ER:
Mein Liebling,
Du bist durch den virtuellen Raum in mein Leben gekommen, ein wenig unwirklich und doch so real. Deine Zeilen trafen mich mitten in mein einsames Herz, meine Gefühle flogen Dir sofort zu. Wir haben uns unzählige Mails geschrieben, nächtelang telefoniert. Was mit uns passierte, war vom Schicksal inszeniert, das glaubten wir.
Als wir uns dann das erste Mal in die Augen sahen, war es wie ein nach Hause zu kommen. Ich glaubte Dich schon ewig zu kennen. Alles war anders mit Dir, nichts war mehr wie vorher. Gab es überhaupt eine Zeitrechnung vor Dir?
Dann kam der Moment, den ich die ganze Zeit fürchtete. Doch musste ich die Frage stellen, ich wollte nie wieder ohne Dich sein. Du hat mich darum gebeten, Dir Zeit zu lassen und um sicher zu sein. Daran habe ich mich gehalten, obwohl ich Dich schmerzlich vermisse. Die Zeit steht still, seit Du nicht mehr bei mir bist. Mein Herz hat aufgehört zu schlagen. In meinen Träumen begegne ich Dir, bin glücklich, denn Du bist ja da. Doch es gibt jeden Tag

ein Erwachen für mich und die dumpfe Gewissheit, dass Du nicht hier bist.
Manchmal, wenn Du mir zu sehr fehlst, beginnt mein dummes Herz wieder an zu schlagen. Klopft wie von Sinnen,- schlägt unregelmäßig und ich glaube, es ist ein Notruf-Signal. Ein SOS. Es will mir sagen: Kämpfe endlich für dein Glück.
Deshalb schreibe ich Dir heute. Ich bin nicht bereit hinzunehmen, dass die gemeinsame Zeit alles gewesen sein soll, was uns das Schicksal zugebilligt hat. Wir müssen etwas übersehen haben. Ich fühle Deine Küsse, als wenn es gestern gewesen wäre. Es hat sich nichts geändert. Meine Liebe für Dich ist immer da, wärmt mich auch in den dunklen Nächten. Eine Liebe, wie wir sie haben, ist nicht vielen Menschen vergönnt ist. Es ist etwas Wundervolles mit uns geschehen.
Dennoch haben wir diese Liebe wohl nicht festhalten können. Du suchst nach Etwas, dass ich Dir nicht geben kann. Denn ich bin real, ein Mensch mit Schwächen und Stärken und keine Illusion. Illusionen sind gefährlich, denn sie sind perfekt, haben keine Fehler. Doch man kann sich nicht an ihnen wärmen.
Ich kann Dir keine Garantien geben, nur die Gewissheit, dass Du fest in meinem

Herzen verankert bist und ich Dich unendlich liebe. Ich weiß, dass auch Du noch Liebe für mich in Deinem Herzen trägst.
Ich wünsche mir so sehr, dass Du endlich auf Dein Gefühl vertraust.
Ich bin immer noch hier und warte auf Dich, jeden einzelnen Tag.

SIE:
Liebster, bitte verzeih mir, denn ich habe Dich warten lassen, obwohl ich doch genau wusste, wie ungeduldig Du auf meine Antwort wartest. Doch Du kennst mich gut, besser als sonst jemand und weißt, dass ich dies nicht in böser Absicht tat. Vielmehr brauchte ich die Zeit um nachzudenken, um meine Gefühle zu ordnen und mit mir ins Reine zu kommen.
Du hast mich gefragt, ob ich Dich mit allen Konsequenzen lieben kann. Auch das, was Du sonst unter der Fassade versteckst. Und ob ich letztendlich den Schritt gehen will, Dich ganz und gar annehme.
Wir kennen uns jetzt schon eine geraume Weile, auch wenn es mir gar nicht so vorkommt. Doch irgendwie ging alles Schlag auf Schlag. Wir hatten kaum Zeit zu verweilen, rasten von einem Herzbeben zum nächsten. Die Gefühle purzelten durchei-

nander, wir schwebten auf allen sieben Wolken und fielen doch wieder in ein schwarzes Loch, aus dem es kein entkommen zu geben schien.
Doch hielten wir uns auch in diesen dunklen Momenten an den Händen, ließen uns nicht fallen.
Du weißt, dass ich Angst davor habe, dass dies doch noch geschieht, dass wir uns verlieren und nicht wiederfinden. Angst vor dem Aufschlag, der mich tödlich verletzt.
Doch damit kann ich, werde ich leben. Ich weiß genau, dass es nicht immer einfach sein wird. Dass wir vielleicht manchmal aneinander verzweifeln werden.
Doch weiß ich ebenso, dass wir selten kostbare Glücksmomente miteinander erleben werden.

Und noch etwas weiß ich ganz genau:
Wenn ich Dich gehen lasse, so werde ich es für den Rest meines Lebens bereuen, denn Du bist meine einzige wahre Liebe.

So kann die Antwort nur „JA" sein, denn ich liebe dich - so wie du bist.

SMS von Alex, Anna antwortet

06.06.2012, 18:49
Nachricht von Alex:
Hallo mein Mädchen, sitze schon 2 Stunden im Flughafen, muss noch 2 Stunden warten - Sch... Geschäftsreisen! Dann noch 2 Stunden Flug und dann noch von DUS zum Mittelpunkt meines Lebens. Wenn's nur etwas schneller geh'n würde.
ILY Alex

20:02
Ich liebe dich, auch wenn du nicht antwortest :-(

zwei Minuten später
Nachricht von Anna:
Ach, herrje, ich habe mein Handy stumm geschaltet. Tut mir Leid! Warten ist so schlimm, wer kann das besser beurteilen als ich, denn das waren 14 vergeudete Tage. Ohne dich bin ich einfach nicht komplett. Doch jetzt freue ich mich total auf dich, deine Anna
Nachtrag: Ich verkürze mir die Wartezeit mit Red Chianti, das ist vielleicht ne Flasche! ;-).

Bis gleich, mein Liebster.
Alex:
Wie??? Chianti??? Du trinkst Traubensaft? Allein, ohne dass ich dir beim Öffnen der Flasche behilflich sein kann? Ich bin verwirrt.

Anna:
Ich öffnete die Fffflasche mit den Zähnen, Honey. Für Alk kann man auf die Schneidezähne verzichten. Du liebst mich doch bestimmt auch, mit zahnlückenbedingter, feuchter Aussprache?! Hdl

Alex:
Ich liebe dich immer und überall, das steht außer Frage, doch in diesem Fall hätte unser Dackel dir wirklich helfen können. Er hat ein ausgesprochen kräftiges Gebiss!

Anna:
...und er säuft wie ein Loch, nee danke. Der Wein ist übrigens ausgesprochen lecker, hicks. Um 24 Uhr werde ich die Flasche mit deinem Begrüßungssekt aufmachen ... wenn du also nicht ein Vermögen für meinen Zahnersatz ausgeben willst, so

beeilst du dich besser, Honey.
Alex:
Hey, das wird ganz schön hart -warte lieber noch ein Viertelstündchen, sonst bin ich beim Sekt mengenmäßig im Nachteil! Das fänd' ich schade.

Anna:
Mein Problem? :-)

20:30
Alex:
OK, wir boarden jetzt, melde mich aus DUS. Küsschen und bis gleich. Dein (liebes) durstiger Alex

Anna:
Flieg vorsichtig, hörst du!

22:50
Alex:
Superman hat wieder festen Boden unter den Füßen! Jetzt hält mich nichts mehr - ich werde den Turbo anwerfen und bin in Null Komma nix bei dir. Du ahnst nicht, wie du mir fehlst...

Anna:
Hey, Clark Kent, auch auf deutschen Autobahnen sollte man vorsichtig fliegen. Der Sekt ist noch ungeöffnet, ich warte auf dich. Ich liebe dich und kann es kaum noch erwarten, dich in den Arm zu nehmen!
Dein Mädchen

Alex:
Bis gleich, meine Süße! Ich hab' dich so was von lieb...

Der Antrag

ER:
Liebe Renate,
ich muss zugeben, im Schreiben etwas
ungeübt zu sein. Schon gar mit dem richtigen Schreiben, so auf Papier, ganz ohne
Computer und Tastatur. Deshalb hoffe ich,
dass Du ein wenig Nachsicht mit Deinem
trotteligen Mann hast. Doch glaub mir, ich
bin durchaus lernfähig! Ich habe begriffen, dass es auch nach Jahren wichtig ist,
die Partnerin zu umwerben, ihr zu verstehen zu geben, wie sehr man sie immer
noch begehrt.
Mag die Figur auch nicht mehr dem Jüngling, den Du vor Jahren kennen gelernt
hast entsprechen, die Haare etwas schütterer und die Zähne weniger geworden sein,
so brenne ich immer noch für Dich. Selbst
mit meiner nicht gerade unbeträchtlichen
Sehschwäche kann ich erkennen, welch
ein Glück ich habe, eine so schöne Frau
an meiner Seite zu wissen.
Du verzauberst mich noch immer; selbst
wenn Du wütend bist und unbeherrscht,
wirkst Du anziehend auf mich. Dann könnte ich Dich in die Arme schließen, doch
das ist ein gefährliches Unterfangen. Und

weil ich um Geschirr, Gläser und meine Gesundheit fürchte, warte ich einen Augenblick. Doch die Gewitterwolken verziehen sich immer schnell, Du blinzelst mutwillig und wir können wieder miteinander, übereinander lachen.

Die Zeit bleibt stehen, wenn Du mich berührst. Dein Lachen begleitet mich, wie eine schöne Melodie. Der liebevolle Blick Deiner Funkelperlenaugen wärmt mich durch die Zeit.

Du bist eine schöne und kluge Frau (und du kannst wunderbar kochen, was man an meinem Hüftumfang feststellen kann), die bisher alle Klippen des Lebens mit mir umschifft hat. Die mir Halt uns Sicherheit gegeben hat, die auch im schlimmsten Sturm nicht von meiner Seite gewichen ist.

- Eine Kameradin, die immer einen Rat weiß, wenn ich ratlos bin.
- Eine Freundin, der ich alle Geheimnisse anvertrauen kann.
- Eine Gefährtin, die mir bedingungslos zur Seite steht.
- Eine Geliebte, mit der ich die Freuden des Zusammenseins genießen darf.
- Eine Schönheit, auf die ich stolz bin.

Wenn ich morgens vor dem Spiegel stehe,

schaue ich mich an und begreife gar nicht, was Du an mir altem Zausel findest. Dann kann ich mein Glück gar nicht fassen. Das musste einmal gesagt werden, denn ich sage Dir viel zu selten, was Du für mich bist.

Liebe Renate, im nächsten Monat haben wir ja nun unsere Silberhochzeit und deshalb möchte ich Dir einen Antrag machen:

Willst du mich noch einmal heiraten???

Bitte sag ja, dann werde ich dich in den nächsten 25 Jahren auf Händen tragen.

Dein Dich liebender Mann

SIE:
Meine lieber Mann,
ich weiß nur zu genau, dass es Dir schwer fällt, Deinen Gefühlen freien Lauf zu lassen. Trotzdem hast du mir diesen wundervollen Brief geschrieben und so will ich Dir auf dem gleichen Wege antworten.

Seit Du vor einer kleinen Ewigkeit mein Herz im Sturm erobert hast, mich mit Deiner Leichtigkeit bezaubert hast, lebe ich erst wirklich. In den vielen Tagen und Nächten, in denen wir uns nah waren, hat es nicht einen Moment des Zweifels gegeben. Ich hätte Dich nicht einen einzigen Augenblick missen wollen.

Wir Zwei sind weit gegangen, haben so viel miteinander erlebt, sind uns dabei nie fremd gewesen. In Zeiten, die uns düster und bedrohlich erschienen, waren wir uns Licht und Stütze zugleich.

Zu wissen, dass Du bei mir bist, zu mir stehst, hat alle noch so großen Sorgen klein werden lassen. Das Gefühl, Dich neben mir zu haben gibt mir Ruhe, Stärke und Geborgenheit.

Ich weiß es genau, Du bist der erstaunlichste Mann auf der Welt. Das was Du sagst und tust, ist immer eine Einheit, wird niemals zwiespältig und immer ehrenhaft und aufrichtig sein. Das habe ich schnell begriffen und es gab mir von Anfang an ein gutes Gefühl, meinetwegen, unseretwegen. Ich wusste von Anfang an, dass ich Dich festhalten wollte. Dass die Suche nach dem Mann meines Lebens zu Ende war.

Ich bin mit einem Herzen voller Liebe durch unsere Jahre gegangen. Ich habe gelernt, dass Du wichtig bist, so wie ich.

Doch am allerwichtigsten ist das Wir. Und das wird immer so bleiben, denn ich liebe Dich.

Eigentlich hätte ich Dir mit einem einzigen Satz antworten können.

Ja, ich will!

Deine Dich liebende Frau

Lieber Paul,

es ist schön, dass es dich gibt. Danke dafür.

Als wir uns kennenlernte befand ich mich in einer tiefen seelischen Krise, war sehr allein. War es ein Zufall, dass ich dich spät abends schlafend auf der Parkbank fand? Alles um uns war menschenleer. Du wirktest so verloren, ganz genau so, wie ich mich fühlte. Deshalb konnte ich dich in dieser kalten und finsteren Nacht nicht allein dort liegen lassen. Ich hob dich auf und drückte dich fest an mich. Fast schien es mir, als schliefst du friedlich weiter, obwohl deine kleinen schwarzen Knopfaugen offen standen, du mich aufmerksam mustertest. Erst fuhrst mit der Zunge vorsichtig über meine Hände, dann schienst du vertrauen gefasst zuhaben, denn du sabbertest mich schrecklich an. Das entsetzte und entzückte mich gleichermaßen.
Seitdem teilst du den Alltag mit mir. Du liegst neben mir im Sessel, wenn ich lese, träume und in Erinnerungen versunken bin. Oder du wärmst dich, wie gerade jetzt, vor dem Kamin, während ich diese Gedanken zu formulieren versuche. Des Nachts kuschelst du dich neben mich in die Kissen,

schläfst in meinem Bett.
Ich habe dir in den letzten Monaten alles erzählt, was mich beschäftigt. Du warst stets ein guter Zuhörer. Danke auch dafür.
Ich kann es nicht anders sagen: wir lieben uns, tuen uns gegenseitig gut.
Heute morgen ist mir zum ersten Mal bewusst geworden, warum ich dich Paul genannt habe. Wie soll ich es dir erklären, wo ich es ja fast selbst nicht begreife:
Zurzeit geht es mir gut weil es dich gibt. Und nun höre mir bitte sehr aufmerksam zu.
Ich werde morgen einen ganz alten Freund anrufen. Er heißt genau so wie du. Bestimmt lernst du ihn bald kennen, jedenfalls, wenn alles gut geht. Ich würde es mir sehr wünschen.
Ich lese die Frage in deinen Augen. „Und was dann?", willst du wissen. Darauf kann ich dir keine Antwort geben. Doch egal was geschieht, in meinem Herzen wirst du immer die erste Stelle einnehmen.

Ich habe dich lieb.

Was ich einmal werden möchte

Liebes Fräulein Maier!
Ich weiß noch nicht ganz genau was ich später arbeiten möchte. Letztens, auf dem Straßenfest bei uns, konnten wir das Feuerwehrauto angucken und auch mal mit Wasser spritzen. Das hat mir gut gefallen, weil man sich ruhig nass und dreckig machen darf und keiner schimpft mit einem. Aber Polizist zu sein ist bestimmt auch total gut, weil man eine Pistole bekommt und immer auf dem Schießstand herumballern darf.

Aber ich weiß ganz genau, dass ich sie unbedingt heiraten möchte. Sie dürften dann auch bestimmen, ob ich zur Polizei oder zur Feuerwehr gehen oder vielleicht beides machen soll. Weil, sie sind immer so nett und freundlich.

Sogar als ich letztens den Frederic in der Mädchentoilette eingesperrt und seine Mütze im Klo heruntergespült habe (es tut mir wirklich leid, dass das Klo hinterher verstopft war) haben sie mich nicht angeschrien. Es sah übrigens fast so aus, als wenn sie lachen wollten, aber nur für einen Moment.

Es war schön, dass ich nachsitzen durfte,

denn so hatte ich sie für zwei Stunden ganz allein für mich. Sie haben so nett geguckt und waren ja auch gar nicht mehr böse auf mich. Ich habe sie da auch gleich gefragt, ob sie schon einen Mann haben und es hat mich total gefreut, dass sie ‚nein' gesagt haben.

Wenn sie vielleicht in 10 Jahren auch noch keinen eigenen Mann gefunden haben, dann möchte ich sie ganz gerne heiraten. Meine Mama sagt sowieso, dass ich ziemlich schnell wachse und ich beeile mich auch damit, dann geht das noch schneller. Wenn ich dann 18 Jahre alt bin können wir gleich heiraten. Das ist doch eine gute Idee!
Übrigens habe ich letztens gehört, dass mein Papa gesagt hat sie wären verdammt sexy. Ich weiß nicht so genau wie er das meinte, aber ich finde sie haben tolle Sommersprossen und schöne rote Locken. Ich finde sie total gut.

Bitte warten sie die paar Jahre, weil ich dann auch viel Geld verdienen werde und sie bestimmt ganz glücklich mit mir sind.

Ihr lieber Felix

Hi Lisa,

ich muss Dich unbedingt was fragen. Das dauert etwas länger und deshalb schicke ich Dir keine Whatsapp.
E Mail geht im Moment nicht, weil meine Eltern mir mal wieder den Laptop weggenommen haben, wegen der Sechs in Mathe. Das ist voll peinlich. Nicht die schlechte Note, aber Hendrik und ich wollten am Wochenende an DER LAN-Party teilnehmen. Das geht jetzt natürlich nicht. Dabei soll das die geilste Party des Jahres werden. Jetzt wird Hendrik voll fun haben und ich... Ist ja egal, dafür schreibe ich Dir nicht.
Du brauchst Dich also nicht darüber zu wundern, einen Brief von mir zu bekommen. Und auch nicht dass ich ihn auf der alten Schreibmaschine getippt habe, die im Arbeitszimmer steht. Mein alter Herr ist irgendwie noch von gestern, er benutzt sie nämlich oft.
Du musst auch nicht antworten, wenn Du nicht möchtest. Das ist nicht so schlimm. Ich will das einfach nur so wissen.
Also, letzte Woche, also wir zusammen mit Hendrik und seiner Freundin im Kino waren. Du weißt schon.

Ich fand das übrigens total gut, dass Du einfach so mitgekommen bist, wo wir uns ja gar nicht richtig kannten und wo Hendriks Freundin Dich gefragt hatte, weil sie nicht allein mit zwei Typen ins Kino gehen wollte. Als wir da so nebeneinander saßen, im dunklen Kino meine ich.
Übrigens haben sich unsere Hände echt zufällig berührt, ich wollte das gar nicht. Doch dann konnte ich Deine Hand irgendwie gar nicht mehr loslassen.
Hast Du gesehen, wie die Zwei vor uns geknutscht haben? Oh Mann, das war wirklich megamäßig. Die haben mit Sicherheit überhaupt nix vom Film mitgekriegt. War ja auch egal, weil der Film ziemlich langweilig ist, findest Du nicht auch?
Als wir da saßen und unsere Hände sich sowieso hielten, da hätte ich am Liebsten...
Jetzt kommt die Frage und Du brauchst mir wirklich nicht zu antworten. Ich bin bestimmt nicht sauer. Also, jetzt die Frage:
Ich wäre schon gerne ein bisschen näher zu Dir ran gerückt und hätte die andere Hand auch noch festgehalten, denn das fühlte sich richtig gut an mit Dir. Ich hatte überhaupt nicht das Gefühl Dich erst ken-

nen gelernt zu haben, echt. Wenn ich Dich jetzt im Kino geküsst hätte, hättest Du mir eine geknallt???

Dein
Oliver

Liebe meines Lebens,

ich schicke diesem Brief in der Hoffnung ab, dass er wirklich bei Dir ankommt und IHNEN nicht in die Hände fällt.
Jetzt habe ich Dich schon drei Monate nicht gesehen. Das ist die schlimmste Folter von allen. Irgendwann habe ich versucht Dich anzurufen, wenigstens deine geliebte Stimme zu hören. Doch sie haben es bemerkt. Du kannst dir nicht vorstellen, wie sie danach mit mir umgegangen sind.

Ich vermisse Dich schmerzlich, Liebe meines Lebens. Es ist so schrecklich, ohne Dich sein zu müssen. Noch fürchterlicher ist die Gewissheit, dass auch Du unter unserer Trennung leidest. Das ist es, was diese furchtbaren Menschen wollen - uns trennen, uns leiden lassen. Sie verlangen allen Ernstes von mir, dass ich Dich vergesse. Als ob das möglich wäre. Wie könnte ich die süßen Stunden mit Dir vergessen. Das ist, als würde ich vergessen zu atmen. Immer noch rieche ich Deinen Duft, fühle Deine Nähe. So wird es für immer und ewig sein.
Selbst als Du in Deiner Verwirrung versucht hast, unser wunderbares Verhältnis

zu beenden, liebte ich Dich. Ich wusste doch nur zu genau, dass Du mich vor der Gehässigkeit Deiner Frau schützen wolltest.

Doch es gibt einen Hoffnungsschimmer. Ich habe gelernt, gefügig zu sein, ihnen zu sagen, was sie hören möchten. Sie glauben, sie hätten die Kontrollen, doch langsam durchschaue ich ihr ekelhaftes Spiel. Sie sagen, ich wäre von Dir besessen, doch ist das nicht normal, wenn man liebt!

So gehe ich brav zur Gesprächstherapie. Ich erkläre, dass es mir Leid tut, dass ich deine Frau so fest mit dem Hammer geschlagen habe. Dabei habe ich das nur getan, damit sie aufhört zu schreien. Sie hat mich gekratzt, als ich sie an den Küchenstuhl fesseln wollte, damit sie mir zuhört. Ich habe mich nur verteidigt. Dass ich ihr Auto dann mit dem Hammer und dem Stemmeisen bearbeite habe tut mir wirklich leid, schließlich hattest Du es bezahlt. Beim Zertrümmern der Scheiben habe ich mich zudem auch noch verletzt. Die Narben im Gesicht sind immer noch deutlich sichtbar, aber das stört Dich sicher nicht. Schließlich tat ich alles nur für Dich. Die Sache mit Deinem Haus ist mir etwas peinlich. Das war eine Kurzschlussreaktion. Aber vielleicht ist es ja nicht so schlimm, dass das Haus abgebrannt ist. So gibt es wenige Erinnerungen an Deine Frau für Dich.

Geliebter, ich darf mich inzwischen frei im Gebäude bewegen. Wenn ich weiter durchhalte und die Reumütige spiele, darf ich in den Garten. Er ist zwar eingezäunt, doch wo ein Wille ist, da ist auch ein Weg. Ich werde alle Hindernisse überwinden, für uns, für unsere Liebe.

Für immer
Deine
Josie - Chantal

PS: Vielleicht erklärst Du Deiner Tochter noch einmal, dass ich sie nicht erschrecken wollte, als ich ihr erklärte, dass ich ihre neue Mami bin. Sie ist ein bisschen panisch veranlagt, wie ihre Mutter, glaube ich.

Hallo, mein Lieber.

Ich kann mich noch ganz genau an unsere erste Begegnung erinnern. Du lagst in meinen Armen, rochst ein wenig streng und trotzdem toll und nagelneu. Mit Deinen braunen, puscheligen Haaren, den dunklen Knopfaugen und den runden, ein wenig zu großen Ohren nahmst Du mich sofort für Dich ein, ich liebte Dich vom ersten Augenblick an. So sehr, dass ich gar nicht lange überlegte, sondern Dich sofort mit in mein Bett nahm, wo Du bis heute einen Stammplatz hast. Na ja, Du bist ein wenig in die äußere Ecke gerutscht, aber immerhin bist du der Einzige, der das Bett seit Jahren mit mir teilt – und das Tag für Tag!

Was haben wir nicht alles miteinander erlebt: Ich wusch Deine Haare wohl tausend Mal, bis die dunkle Pracht an ein räudiges Kojotenfell erinnerte und nicht an das vormals glänzende Haarkleid. Auch einer Gesichtsoperation musstest Du Dich schon unterziehen, denn ich küsse Dir den Mund fransig. Meine Mutter stickte Dir ein schiefes Grinsen auf, das ich inzwischen ein paar Mal erneuert habe. Doch noch immer ist Dein Lächeln ansteckend.

Wir erlebten gemeinsam Freud und Leid.
So manches Mal putze ich mir verstohlen
die Nase an Dir ab und auch die Tränen
des ersten Liebeskummers wurden durch
Dein Fell getrocknet. Du warst immer für
mich da - unerschütterlich saßest Du auf
der Bettkante und hörtest Dir meine Sorgen und den größten Kummer an. Schautest mich aus großen Augen an und tröstetest mich ganz ohne Worte.
Ach Teddy, jetzt sind wir zusammen
schon 100 Jahre alt und waren immer
glücklich miteinander, haben alle Stürme
des Lebens überstanden. Nichts konnte
uns trennen.
Du bist eine wirkliche Konstante in meinem Leben und nach wie vor meine große
Liebe.

Ach Du,

geheimnisvoller Fremder, geheimer Vertrauter. Mein verlegen machender, erröten lassender jugendlicher Liebhaber.
Okay, ich schränke es ein, denn ich habe gekniffen, bin im entscheidenden Moment weggelaufen so schnell ich konnte, denn ich war mir unserer nicht sicher.
Und das war gut so!
Also: mein fast zum Liebhaber gewordener Freund.
Ich sehe dich ob dieses Gedankens bedauernd lächeln. Doch wer weiß, vielleicht machte das ja auch den Reiz unseres Miteinanders aus. Wer kann im Nachhinein schon wissen, ob es nicht zu einem beiderseitigen Waterloo geworden wäre. (Jetzt lachst du lauthals und schüttelst ungläubig den Kopf, auch das sehe ich deutlich vor mir)
Aber ohne den Vollzug der Liebhaberschaft ist immer noch Raum für das Geheimnisvolle. Die Fantasie kann schweifen, kennt bekanntlich keine Grenzen (oder waren das die Gedanken? Nein, die sind sowieso frei). Das wäre wohl ein Diskussionspunkt zwischen uns geworden, den wir wahrhaft genossen hätten.

Doch letztendlich hat der gesunde Menschenverstand gesiegt, hat die verwirrenden Gefühle relativiert.
Vielleicht war auch das Quäntchen Abgebrühtheit nicht vorhanden, dass vielen Menschen zu Eigen ist.

Und so wird der Gedanke ‚was wäre wenn' für immer in unseren Köpfen herumspuken, uns zuweilen unruhig machen und uns doch beruhigen. Denn manchmal ist es besser, die Fantasien in ihren Luftschlössern zu lassen.

So will ich mich verabschieden, nicht ohne Bedauern, doch gleichzeitig erleichtert.

Leb wohl

ich sage nicht vergiss mich nicht,
denn das wird nicht geschehen.

Ich denk' an Dich ...

Verehrter Mister Darcy, lieber Fitzwilliam.

Schon als sehr junges Mädchen bin ich Ihnen begegnet. Sie haben mich damals außerordentlich beeindruckt.
Nein, beeindruckt, dass ist nicht das richtige Wort! Ich schwärmte für Sie, das trifft es schon besser. Mein Herz flog Ihnen geradezu entgegen, denn Sie bezauberten mich ganz und gar. Meine Fantasie verlor sich zwischen den Zeilen, die Ihre Geschichte darstellten.
Wie gut konnte ich Sie verstehen. Ich litt mit Ihnen, empfand wie sie die Glut der Gefühle, die Sie Elisabeth entgegenbrachten. Stolz und Vorurteile trennten sie beide, wurden zu einer Mauer, die sich auch nicht durch die Liebe überwinden ließ.
Die Nacht wurde mir zum Tag, denn ich konnte mich nicht losreißen, erlitt mit Ihnen und Ihrer großen Liebe Intrigen, Irrungen und Wirrungen.
Das Herz klopfte mir bis zu Hals, als der Morgen graute und zwei unruhige Herzen in seinem Dämmerlicht zu einander fanden.
‚Rastlos wandern Füße querfeldein, über Wiesen und weite Felder - allein, bis am

Horizont die Sonne aufgeht, sie sich begegnen und die ganze Liebe im Morgenlicht ihrer Augen steht.'
Das war der Moment, der mir die Tränen des Glücks in die Augen trieb, den ich über alles liebte und immer noch liebe.
So waren Sie der Schwarm meiner Mädchentage.
Doch habe ich mir die lieben Gefühle für Sie seither bewahrt. Auch jetzt noch, wenn mein Herz sich nach großen Gefühlen und romantischer Zärtlichkeit sehnt, tauche ich ab. Bleibe wie damals für eine Nacht in Ihrer Welt, die mich still umarmt, mich wärmt und mir die Sehnsucht stillt.
Auf bald, mein Held, wir sehen uns immer wieder.

Ihr heimliche Verehrerin

Meine einzige Liebe.

Wie oft habe ich mich gefragt, ob Du mir wirklich treu bist. Ob Du den zahlreichen Versuchungen erlegen bist, die Dir im Laufe Deines Lebens, unseres Zusammenlebens, begegnet sind. Wie viele schlaflose Nächte hatte ich deswegen? Wie viele dunkle Gedanken! Ich habe Dich nie gefragt, werde es niemals erfahren.
Doch das ist alles ganz gegenstandslos geworden, ist mir egal, betrifft mich nicht mehr, denn Du hast mich verlassen. Hast Dich einfach weggeschlichen während ich schlief.
Ich habe es nicht bemerkt, das bleibt für immer meine Schuld. Damit muss ich fertig werden. Genauso wie mit dem Gedanken, ob ich Dir jemals genug gezeigt habe, wie sehr ich Dich liebe, wie viel Du mir bedeutest. Immer bedeutet hast, seit unserer ersten Begegnung, den ersten verstohlenen Blicken, vorsichtigen Berührungen. Der erste Kuss ist mir immer noch gegenwärtig, fast spüre ich Deine Lippen noch auf den meinen.

Dein Duft ist überall, obwohl ich Dich

schon seit einiger Zeit schmerzlich vermisse. So sehr, dass mir der Körper von oben bis unten weh tut, ich mir ganz wund vorkomme.
Morgens würde ich am Liebsten liegen bleiben, vor mich hin dämmern, an nichts denken. Mir einrede Du bist zum Bäcker gegangen und kommst mit frischen Brötchen zurück. So wie es früher häufig der Fall war. Unwillkürlich schnuppere ich, wähne den Duft von frisch gebrühtem Kaffee zu riechen. Doch nach einiger Zeit trifft mich die Erkenntnis wie ein Keulenschlag: Du wirst niemals wiederkommen, hast mich allein gelassen.

Wie konntest Du nur! Wut macht sich breit, lässt mich meinen Frust herausschreien. „Mistkerl!" Ich könnte um mich schlagen. Dann kommt die Resignation, denn es ist alles so endgültig. Mit ihr schleicht sich der Blues ein - der Kreis schließt sich.

Liebster, werde ich irgendwann in der Lage sein ohne Dich zu leben? Werden die Wunden, die Dein Tod gerissen hat vernarben? Nur noch zuweilen schmerzen, in einem erträglichen Maß?
Ich weiß es nicht, kann es mir nicht vor-

stellen, doch irgendwie wird mein amputiertes Leben weiter gehen.

Und Du wirst immer an meiner Seite sein.

Hallo Elisa,

Ich muss Dir einfach einmal schreiben was ich Dir, seit wir uns nach all den Jahren wieder getroffen haben, sagen möchte, es aber bisher nicht getan habe. Es fällt mir leichter meine Gedanken in dieser Form auszudrücken, als wenn ich Dir gegenüber sitze. Wie Du siehst, verwirrst Du mich immer noch. Daran wird sich wohl nie etwas ändern.
Es gibt doch diese Weisheit, dass man die Dinge mehr bereut, die man nicht getan hat, als diejenigen, die man getan hat. Ganz egal wie sie gelaufen sind. Bevor mir das noch einmal passiert, möchte ich Dir schreiben, was ich für Dich empfinde. Und ich möchte in Gedanken ein bisschen in der Zeit unterwegs sein, in der wir uns kennengelernt haben. Ohne Sentimentalität, aber mit schönen Erinnerungen. Es gibt vermutlich tausend Dinge von früher, die ich schon wieder vergessen habe, aber glaube mir: Von unseren Tagen, Wochen und Monaten weiß ich noch alles. Na gut, nicht jede Kleinigkeit, aber ich kann Dich ja danach fragen, falls es nötig ist. Es war schön zwischen uns, das wirst auch Du sagen. Es hat gefunkt und geprickelt, wir

waren von einander fasziniert. Viellicht ich ein wenig mehr, aber das spielt keine Rolle.

Trotzdem habe ich Dich gehen lassen. Ohne um Dich zu kämpfen, ohne Dich nach den wirklichen Gründen für die Trennung zu fragen. Einfach so.

Das ich den Kontakt habe ganz abbrechen lassen war dumm von mir. Ich verzeihe mir das fast selbst nicht. Ich war arrogant, habe immer darauf gewartet, dass Du auf mich zukommst. Dabei habe ich nur zu oft an Dich gedacht. Letztendlich habe ich mich nie gemeldet, erst aus falschem Stolz und dann, weil ich vermutete, dass Du einen Anderen gefunden hattest. Ich hätte nicht erwartet, dass eine so tolle Frau wie Du so lange allein bleibt.

Nun sind wir uns wieder begegnet und ich werde den Fehler nicht noch einmal machen. Nach wie vor fühle ich mich zu Dir hingezogen, möchte viel öfter mit Dir zusammen sein. Habe ich eine Chance? Ich weiß es nicht. Oft habe ich das Gefühl, als wärst Du abwesend, wenn wir zusammen sind.

Wenn Du Dich nicht weiter mit mir treffen willst, dann lass es mich bitte wissen. Das ist besser, als hingehalten zu werden. Sich Hoffnungen zu machen, die sich letztendlich nicht erfüllen werden, das ist einfach nur frustrierend.

Auf jeden Fall wünsche ich Dir, dass alles so kommt, wie Du es Dir wünscht. Denn das habe ich gelernt: Es ist immer das Wichtigste so zu leben, wie man es sich erträumt, und nicht, wie andere es sich vorstellen.

Dein Tommy (bin ich das?)

Mein Verführer.

Noch immer bin ich willens zu träumen.
Dabei sagt man: Träume sind Schäume.
Doch Du hast so etwas nie gesagt. Hänge ich deshalb so an Dir? Weil Du mich träumen lässt?
Doch werden all diese Illusionen, all die Trugbilder, die Du mir so oft vorgaukelst, niemals Wirklichkeit. Das weiß ich im Innersten, trotzdem habe ich den Glauben nicht verloren, dass Du sie mir erfüllst. Dabei bin ich doch eine sehr realistische Person. Jedenfalls, wenn es nicht um Dich geht. Bei Dir, zusammen mit Dir, scheint sich bei mir jedes Realitätsbewusstsein zu verflüchtigen. Wie sonst ist es möglich, dass ich Dir immer wieder und wieder glaube?

Dabei ist doch nie etwas so gelaufen, wie Du es mir suggeriert hast.
Verdammt, nichts, niente, nothing.
Immer habe ich zum Schluss mit leeren Händen da gestanden. Um Dir bei der nächsten Gelegenheit wieder blind zu folgen. Mich verführen zu lassen, mit geschlossenen Augen und dem Herz in der Hand.

Manchmal denke ich, dass Du nur ein mieses Spiel mit mir spielst, bei dem Du nichts und ich alles riskiere. Dass Du nichts als ein Blender bist, ein Verführer der schlimmsten Sorte. Dann habe ich einfach genug von Dir, von all den Verlockungen. Doch dann schaust Du mich auf Deine unnachahmliche Art an, nimmst mich in die Arme und erzählst mir von einem neuen Projekt. Von einer totsicheren Sache, die Dir gelingen wird. Von der hundertprozentigen Chance. Alles was Du dazu brauchst ist meine Liebe, meinen Glauben an Dich und ein wenig finanzielle Unterstützung. Ich weiß schon jetzt, dass ich Dir dann nicht widerstehen kann. Ich werde die Augen schließen und Dir für einen Augenblick glauben. Glauben, dass Du reinen Herzens bist, dass Du mich über alles liebst und all das nur für uns, für unsere Liebe tust.

Und in diesem einen Moment werde ich glücklich sein.

Mein Liebster!

„Ich will Dich nicht mehr", das habe ich in meiner Wut und Enttäuschung herausgeschrien. Jetzt tut es mir der Satz schon wieder leid und ich wollte, ich hätte ihn hinuntergeschluckt. Doch war er nicht einfach so dahingesagt, sondern Ausdruck meiner Gefühle. Ich will nicht, dass mich unser Zusammenleben weiterhin traurig macht und verletzt.
Immer sind es Kleinigkeiten, an denen wir uns reiben. Und immer wird eine große Sache daraus. Wie leicht kann man solch eine Unwichtigkeit aus der Welt schaffen, durch ein liebes Wort und ein zärtliches in den Arm nehmen. Doch da ist der dumme Stolz - auf beiden Seiten. Ich weiß nur zu genau, dass Du von Dir aus nicht auf mich zukommen wirst. So schweige ich.
Das war einmal anders und ich kann nicht verstehen, was geschehen ist, was zwischen uns alles verändert hat. Gab es einen besonderen Anlass? Oder haben die Jahre uns von einander entfernt? Ich weiß es nicht.
Doch will ich das nicht so hinnehmen, denn ich liebe Dich aus ganzem Herzen, möchte mich so gerne fallen lassen.

Möchte sicher sein, von Dir aufgefangen zu werden, möchte Dir ganz und gar vertrauen ohne zu befürchten, dass ich mich verliere. Ohne zu befürchten, dass die Kälte zwischen uns eines Tages nicht mehr vergeht und ich zu Eis erstarre. Ich will keine halben Sachen, sondern möchte DICH, meinen Liebsten.
Wie kann ich Dich wiederbekommen?
Was muss ich tun, um den erstarrten, eisigen Kerl loszuwerden, der meinen Liebsten immer öfter einschließt und uns beide unglücklich macht?
Ich bin so unendlich ratlos, doch was immer geschieht:
Ich liebe Dich mehr als alles auf der Welt!
Du bist meine zweite Hälfte, ein Leben ohne Dich wäre unvollkommen.
Ich möchte eine ehrliche Antwort:
Gehören wir noch zu einander?

Meine Liebste,

ich schreibe diesen Brief voller Hoffnung, denn vielleicht wird ja wieder alles gut. Ich habe kaum zu hoffen gewagt, dass du bei mir bleibst. Dachte, ich hätte Dich verloren. Dachte Du verlässt mich, weil Du mir nicht glaubst, mir unterstellst zu weit gegangen zu sein. Ich erspare uns jetzt alle Beteuerungen: dass sie mir nichts bedeutet hat, dass Du meine einzige wahre Liebe bist. All das habe ich schon so oft gesagt. Du warst voller Zorn und Enttäuschung. Ich konnte Dich nicht mehr erreichen, wir waren so weit von einander entfernt. Ich rechnete damit, den Rest meines Lebens ohne Dich verbringen zu müssen.
In einem dieser verzweifelten Augenblicke wurde mir klar, dass ich meine Seele, mein Leben verliere, wenn Du gehst. Alles das, was ich als so selbstverständlich hingenommen hatte löste sich jetzt plötzlich auf, war nicht mehr vorhanden. Deine Gegenwart und Liebe, Deine Aufmerksamkeit, unaufdringlich, doch allgegenwärtig. All die kleinen Gesten und Blicke, Händchen halten beim Überqueren der Straße. Ein prüfender Blick: „Wie fühlst du dich?" Zu wissen, dass da jemand ist, der

mir zuhört, mich wichtig nimmt. Sich
meiner Sorgen und Probleme annimmt,
mit mir träumt und manchmal diese
Träume verwirklicht.
Irgendwann schöpfte ich Hoffnung, denn
Du hattest mich in Deinem ersten Zorn
nicht verlassen. Hast mich wieder näher
kommen lassen und mich nicht mehr so
rigoros abgewiesen.
In dieser Phase der aufkeimenden Hoffnung begann ich zu verstehen: Es macht
keinen Unterschied, ob ich zu weit gegangen bin oder nicht. Allein der Betrug
zählt, die Tatsache dass ich verheimlichte,
ja Heimlichkeiten hatte.
Ich glaube, jetzt, wo ich hoffen kann, dass
Du mir verzeihen wirst, habe ich vollständig begriffen wie sehr ich Dich verletzt
habe. Es war nicht nur Zorn, viel größer
war der Schmerz über meinen Betrug.
Vielleicht gelingt es mir irgendwann die
Wunde zu heilen, ich wünsche es mir so
sehr. Doch glaube mir, von jeder Wunde,
die ich Dir zufügte, ist auch bei mir eine
Narbe zurückgeblieben.

Ich liebe Dich,

bitte lass mich nicht allein.

Geliebte!

Schon bald wird die Nacht ihren geheimnisvollen Schleier lüften. Der Morgen zeigt was wir getan in seinem unbarmherzigen Licht, bevor das ewige Dunkel uns umfängt.
Wie sehr habe ich gekämpft, meine Liebe zu Dir verleumdet. Habe mich gewehrt gegen die verlockenden Gedanken.
Gerade durch Deine Unschuld warst Du meine größte Versuchung. Niemals zuvor habe ich eine solche Lust empfunden. Lust Dich in Besitz zu nehmen, Dich ganz mein werden zu lassen, für alle Ewigkeit. Vereinigung und höchste Ekstase, ja, Auferstehung aus der Finsternis. Das versprachst Du mir ohne es zu ahnen.
Oh, ich habe schon oft den warmen Duft des pulsierenden Blutes gerochen, ihn geschmeckt und auch genossen. Doch war der Rausch schnell verklungen. Zurück blieb ein schaler Geruch, sagte mir einmal mehr, wie vergänglich das Leben der Sterblichen ist.
Doch Dein Duft berauscht mich auf eine besondere Weise, ist betörend und gleichzeitig verwirrend. Sobald ich Dir nahe bin, verliere ich fast die Beherrschung, fühle

mich unbesiegbar und lebendig, obwohl ich doch ein Geschöpf der Dunkelheit und der Kälte bin.

Dann, nach einer langen Zeit der mühsamen Zurückhaltung für mich, kamst Du zu mir, wolltest Dich mir aus freien Stücken geben. Mir, einer eisigen Kreatur, die sich zwischen den Welten bewegt, die in einem toten Raum gefangen ist.
Mein Traum, in einem Dasein ohne jeglichen Schlaf, sollte plötzlich wahr werden: Du gabst Dich mir, schenktest mir Dein Leben und Dein Licht. Hast Deine Seele geopfert, um mich zu erwärmen.
Meine Seele verlor ich schon vor langer Zeit, nun habe ich auch mein Herz verloren und bin erfüllt von einem bisher unbekannten Gefühl: unbändige Angst lässt mich schaudern. Angst Dich wieder zu verlieren. Ich weiß genau, dass Du mich ebenso sehr liebst, wie ich Dich. Das Du aus freiem Willen gewählt hast, mich und meine Schattenwelt. Doch ich fürchte mich so sehr von dem Augenblick unserer Ewigkeit, an dem Du mich ansiehst und bedauerst, Dein Leben für mich, an mich verschenkt zu haben. Jetzt ist es zu spät und ich verabscheue mich dafür, nicht stärker gewesen zu sein. Doch ich gehörte Dir

schon von dem Augenblick an, in dem ich Dir in die Augen schaute, denn sie waren der Spiegel Deiner Seele.

Nun betrachte ich Dich im ersten Morgengrauen. Du liegst still und bleich da, lächelst, die Dämmerung zeichnet weiche Schatten auf Dein Gesicht. Du bist so schön, dass mir das Herz aufgeht.
Sie werden Dich finden und betrauern, denn sie wissen ja nicht, dass Du auferstehen wirst um mir zu folgen.
Bald wird sich die immer währende Nacht über uns senken und wir werden die Ewigkeit für uns haben.

Bitte liebe mich.
Für immer

Liebe Loni,

nie wieder 16 sein!
Ich weiß genau, wie Du Dich fühlst. Doch
glaub mir, Du bist hübsch, daran ändert
auch kein Riesenpickel auf der Nase was.
Übrigens: Du kannst aufhören ihn anzu-
starren, denn er wird Dich auch in Zukunft
nicht beachten. Darüber kannst Du froh
sein, Manfred ist zwar im Moment der at-
traktivste Junge in der Klasse, aber wenn
Du ihn jetzt sehen könntest ...
Er ist keinen weiteren Gedanken wert,
glaub mir.
Du wirst die Liebe Deines Lebens finden,
ganz bestimmt, aber es wird eine halbe
Ewigkeit dauern. Vorher gibt es noch mehr
Verwirrungen, als Du sie zur Zeit erlebst
und eine richtig wilde Zeit, die Du genießen wirst.
Mit IHM kommst Du zur Ruhe. Alles er-
scheint Dir dann plötzlich leicht, denn er
wird Dein Ruhepol. Keine Sorge, Du wirst
ihn schon erkennen, er ist unverwechsel-
bar.

Was Du Dir so gar nicht vorstellen kannst
wird eintreten: Du wirst Kinder haben -
und sie geraten über die Maßen gut. (Hör

auf den Kopf zu schütteln, glaube mir einfach, ich bin die Ältere!)
Eine richtig schlechte Nachricht: Du wirst nicht die Welt retten, sorry. Du kannst aufhören, die „Rote Fahne" zu kaufen, den Kommunismus wird es in gut 30 Jahren nicht mehr geben. Aber bis dahin hast Du eh festgestellt, dass das nicht Dein Weg ist. Und Du wirst den Hunger in der Welt nicht besiegen, keiner kann das. Übrigens bist Du für solche Aufgaben nicht stark genug, auch wenn Du es Dir im Moment zutraust. Du schaffst es gerade mal als Touristin nach Afrika und das ist gut so.

Jetzt wirst Du mich hassen, doch es lässt sich nicht vermeiden, Dir das zu schreiben: Du wirst mit den Jahren bürgerlich, wirst bieder und ordentlich sein. Zuweilen wirst Du Dich dabei ertappen, Dich genau so zu verhalten, wie Du es momentan nicht ertragen kannst und das ist in Ordnung für Dein älteres Ich.

Ach ja - vielleicht könntest Du mal damit aufhören, Deine Umwelt zu nerven. Sei einfach nicht immer so bockig, sag einfach WAS Du möchtest und nicht immer bloß, was Du NICHT willst. (die Augen zu verdrehen hilft nicht wirklich weiter, Schätz-

chen!)
Hier noch ein paar Tipps aus der Distanz von 40 Jahren :
Du kannst es Dir sparen, ständig irgendwelche Diäten zu machen. Du wirst niemals dick sein. Übrigens stehen Dir ein paar Pfund mehr als jetzt richtig gut.
Du bist nicht glücklich mit dem Bürojob, das wird sich nicht ändern. Mach den Abschluss und such Dir ein neues Betätigungsfeld.
Meide politische Parteien und Kegelclubs, beides ist nichts für Dich.
Verwahr den Schlapphut, er wird mal wichtig sein.
Ganz wichtig: Lass die Finger vom Oberkellner - das wird nix, auch nicht im zweiten Anlauf, ehrlich!

Wir sehen uns

Deine Angie

Ups, ein neuer Name - ach da kommst du schon noch hinter!

PS: Vielleicht kannst Du den Brief aufheben - ich würde ihn gerne noch mal lesen, wenn wir gaanz alt sind, aber das kann dauern.

Zum guten Ende noch etwas Tröstliches:
So richtig erwachsen werden wir beide
trotz allem nicht. ;o)

Angie Pfeiffer

Angie Pfeiffer, 1955 in Gelsenkirchen geboren, ist zum zweiten Mal verheiratet und lebt heute mit ihrem Mann im Münsterland.
Sie schreibt Unterhaltungsliteratur in Form von Romanen und Kurzgeschichten für Erwachsene sowie Kinderbücher.
Sie hat bisher 5 Romane, 1 Kinderbuch, 15 eBooks und zahlreiche Kurzgeschichten in Anthologien, Literaturzeitschriften und der Tagespresse veröffentlicht.

Home: angie-pfeiffer.com

Ruhrpottadel

ISBN 978-3-8370-2055-7

Tragisch und komisch, wunderbar und verrückt, so sind sie, die Jollenbecks.
Im Herzen des Kohlenpotts erleben wir ihre Liebes- und Leidensgeschichte.
 Karl, Schürzenjäger und Geschäftsmann in permanenten Geldnöten. Ilse, seine Frau, die zwar ständig über Herzprobleme klagt, aber eigentlich kerngesund ist. Opa Adolf, dessen Lebensziel es ist, möglichst immer den gleichen Alkoholpegel zu halten. Dazu die Kinder Peter Elisa, die unter nicht ganz einfachen Umständen aufwachsen.
www.Ruhrpottadel.de

Ruhrpottliebe

ISBN 978-3-8391-2885-5

Eigentlich wartet Elisa auf die ganz große Liebe, doch auf der Hochzeit ihrer besten Freundin läuft ihr der Ex wieder über den Weg. Alfred 'Freddy' Gimpel ist alles andere als ein Traumprinz, das hat Elisa schon vor einiger Zeit festgestellt. Trotzdem heiraten die beiden, doch was Elisa dann mit Freddys merkwürdiger Familie erlebt, spottet jeder Beschreibung und versetzt selbst die hart gesottenen Jollenbecks in Erstaunen
Gelsenkirchen in den 70ern. Der zweite Teil der Ruhrpottsaga erzählt von Leben und Lieben zwischen Emscher und Rhein-Herne-Kanal.

Ruhrpottherzen

ISBN:9783735786494

Im dritten Teil der Ruhrpottsaga geht es turbulent zu. Elisa größter Wunsch erfüllt sich, sie bekommt das erste Kind. Sehr zu Alfreds Leidwesen. Nicht genug damit, verführt ihn Elisa, um ein zweites Kind zu bekommen.
Doch gerade dieser Sohn, Matts, bringt seinen Vater regelmäßig auf die Palme. Alfred kann sich häufig nicht beherrschen und schlägt das Kind. Als die Situation eskaliert, stellt Elisa Alfred ein Ultimatum.
Auch die Nachbarin Karin ist in ihrer Ehe nicht glücklich. Sie wirft ihren Mann kurzerhand hinaus. Bald lernt sie den Friedhofsgärtner Uwe kennen, doch der hat mehr Interesse an ihrer jüngsten Tochter, als an ihr.
Der dritte Teil der Ruhrpottsaga ist ein Roman über
Macker und Tussis, Döppken und Blagen,
Hallas und Halligalli, Fissematenten, Sperenzkes,
und ein ganz schönes Schlamassel.